MUST READ BOEKANALYSE

Ik ben Malala

· · · · · · · · · · · · · · ·

Malala Yousafzai

BOEKANALYSE

Geschreven door Marie Bouhon
Vertaald door Nikki Claes

Ik ben Malala

MALALA YOUSAFZAI

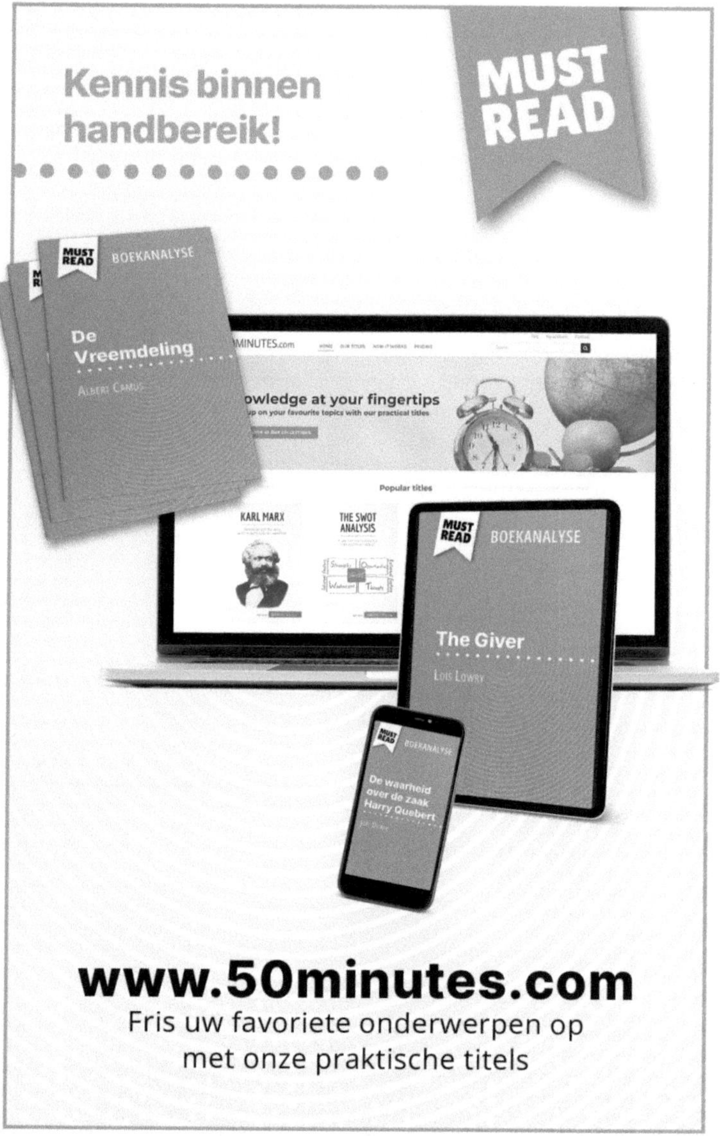
Kennis binnen handbereik!
MUST READ
MUST READ BOEKANALYSE
De Vreemdeling
Albert Camus
MINUTES.com
owledge at your fingertips
Popular titles
KARL MARX
THE SWOT ANALYSIS
The Giver
Lois Lowry
De waarheid over de zaak Harry Quebert
www.50minutes.com
Fris uw favoriete onderwerpen op
met onze praktische titels

MALALA YOUSAFZAI

WINNAAR VAN DE NOBELPRIJS VOOR DE VREDE IN 2014

- **Geboren in Mingora (Pakistan) in 1997**

- **Haar werk:**

  - *Ik ben Malala: The Girl Who Stood Up for Education and Was Shot by the Taliban* (2013), memoir/autobiografie.

Malala Yousafzai is een jonge Pakistaanse vrouw wier kindertijd en adolescentie sterk getekend waren door de aanwezigheid van de Taliban in haar land. Op 11-jarige leeftijd begon ze een blog voor de BBC waarin ze vertelde over haar dagelijks leven onder controle van religieuze extremisten en kritiek uitte op de situatie in haar land. Later gaf ze een aantal toespraken (op scholen, bij demonstraties, bij openbare spreekwedstrijden, tijdens bezoeken van politici, enz. In 2012 overleefde ze een aanslag op haar leven en werd ze wereldberoemd.

Malala hield in 2013 een toespraak voor de Algemene Vergadering van de Verenigde Naties, kreeg in 2014 de Nobelprijs voor de Vrede, richtte een stichting op om onderwijs te bevorderen en publiceerde haar autobiografie *I Am Malala: The Girl Who Stood Up for Education and Was Shot by the Taliban*.

IK BEN MALALA

EEN DIEP ONTROERENDE GETUIGENIS

- **Genre:** autobiografie, memoires
- **Referentie-uitgave:** Yousafzai, M. en C. Lamb (2013) *I Am Malala: The Girl Who Stood Up for Education and Was Shot by the Taliban*. Londen: Weidenfeld and Nicolson.
- **Eerste uitgave:** 2013
- **Thema's:** onderwijs, terrorisme, islam, Pakistan, militantie

Gepubliceerd in oktober 2013, een jaar na de aanslag die Malala's leven op zijn kop zette, beschrijft het boek een adolescentie die ze doorbracht in de strijd voor onderwijs voor iedereen, en in het bijzonder voor meisjes. Meer dan een eenvoudig verslag, biedt het ook belangrijke historische momenten en verklaart het de groei van de Taliban in Afghanistan.

Voor een breed publiek, waarvan een aanzienlijk deel onbekend is met de conflictgebieden, de Taliban en zelfs met de islam, heeft dit werk een belangrijke verklarende, bijna didactische component. Het geeft de lezer informatie over de etymologie van bepaalde termen, de belangrijkste gebeurtenissen in de geschiedenis van het district Swat in het noorden van het land, en de Koran en zijn verschillende interpretaties.

SAMENVATTING

EEN INGEWIKKELDE OPVOEDING

Malala Yousafzai is een Pakistaanse tiener die, na een aanslag op haar leven, momenteel in Birmingham, Engeland, woont. Toen ze jonger was woonde ze in Swat, een afgelegen district in een provincie in het noorden van Pakistan, waar al enkele jaren gevechten plaatsvinden tussen het nationale leger en de Taliban.

Hoewel zij uit een arm gezin komt – haar vader maakte schulden om een school te stichten en haar moeder is huisvrouw – had jonge meisje het geluk om ondanks alles toch naar school te kunnen gaan, wat niet voor alle kinderen in Pakistan geldt. In feite moeten veel kinderen werken om hun ouders te helpen in de basisbehoeften van het gezin te voorzien. Aangezien de meeste vrouwen huisvrouw zijn, leren de meeste meisjes bovendien eerder koken dan lezen, omdat hun ouders denken dat die vaardigheid hen in de toekomst beter van pas zal komen.

Malala, die haar vader trots wilde maken, probeerde altijd de beste van de klas te zijn. Naarmate de jaren verstreken werd de invloed van de Taliban echter groter en werd de toegang van meisjes tot onderwijs beperkt. Ze begonnen met kritiek op gemengde klassen en vervolgens op gemengde scholen. Toen ze in 2009 officieel de macht grepen, stonden ze toe dat meisjes tot hun elfde jaar naar school gingen, maar kort daarna verboden ze het helemaal en dwongen ze deze nieuwe regel met kracht op. In totaal werden ongeveer 150 scholen vernietigd. In weerwil van het verbod gingen Malala en sommige van haar klasgenoten in het geheim door met hun lessen.

Enkele maanden later, toen het conflict tussen de Taliban en het Pakistaanse leger verergerde, werd de bevolking van Swat gedwongen in ballingschap te gaan. Drie maanden lang kon Malala niet meer naar school en omdat ze haar boeken niet kon meenemen, kon ze niet zelf werken en studeren. Na haar terugkeer werd het leven weer normaal: bedrijven en scholen gingen weer open.

Helaas werd de regio in juli 2010 getroffen door stortregens, die verwoestende overstromingen veroorzaakten. Veel mensen kwamen om, wegen en gebouwen stortten in, en sommige scholen die door de Taliban gespaard waren gebleven, werden zwaar beschadigd.

Ondanks de schade en de dreiging van de extremisten begonnen de lessen geleidelijk weer. Voor Malala hield alles echter op in oktober 2012 toen twee leden van de Taliban haar in de bus van school naar huis aanvielen. Ze overleefde het wonderwel en werd voor behandeling overgebracht naar een van de beste ziekenhuizen in het Verenigd Koninkrijk. Na vele operaties en een lange revalidatieperiode kon ze eindelijk weer naar school, dit keer in Birmingham, waar ze nu met haar gezin woont.

DE GROEI VAN DE TALIBAN

Aanvankelijk verwees de term "Taliban" naar mensen die de islam bestudeerden. Geleidelijk aan begon deze groep – waarvan een aanzienlijk deel de studie niet had afgemaakt – een eigen interpretatie van de Koran te verspreiden, die veel vrijheden inhoudt ten opzichte van de oorspronkelijke tekst, met name wat betreft de plaats van de vrouw in de samenleving.

In afgelegen gebieden van Pakistan was hun propaganda aanvankelijk zeer subtiel: Maulana Fazlullah (leider van de Taliban, geboren in 1974) gebruikte een radioantenne om dagelijks adviezen uit te zenden over hoe in overeenstemming met de islam te leven. Deze adviezen hadden betrekking op hygiëne en koken, maar ook op landbouw, onderwijs en gepast gedrag. De plaatselijke bevolking reageerde daar positief op en bood de leider zowel morele als financiële steun.

De aanbevelingen werden steeds radicaler en veroordeelden bijvoorbeeld muziek. Er verschenen ook milities die bijzonder gewelddadige methoden toepasten, zoals openbare geselingen, om de gevestigde orde te handhaven. Degenen die het niet eens waren met deze doctrine werden ook geëlimineerd. Scholen die onzedelijk werden bevonden, werden eenvoudigweg vernietigd.

Na deze gewelddadige acties brak er een open oorlog uit tussen de Taliban en het Pakistaanse leger, en de plaatselijke bevolking vluchtte naar andere delen van het land. Later, toen het leger de situatie weer onder controle had en het leven voor de Pakistani weer normaal werd, waren er grote overstromingen in de Swat-vallei. De Taliban profiteerde van de heersende chaos en nood om afgelegen dorpen te hulp te komen en weeskinderen op te nemen. Zij voedden deze kinderen op, of liever gezegd indoctrineerden hen om hen tot extremisten te maken.

Vanaf dat moment waren er minder aanvallen van de Taliban, maar ze waren wel doelwit (een politicus, een activist, een danseres, een school). De Pakistaanse regering was toen van mening dat de vrede teruggekeerd. Er werden slechts enkele eenmalige arrestaties verricht, bijvoorbeeld na de aanslag op Malala.

HET BELANG VAN TOESPRAKEN

Toen hij jonger was, nam Malala's vader met succes deel aan openbare spreekwedstrijden. Om in zijn voetsporen te treden en hem trots te maken, besloot het jonge meisje zich ook in te schrijven voor een van deze wedstrijden. Haar eerste deelname was het begin van een aantal toespraken die niet alleen gericht waren op voordracht, maar op de verdediging van het recht op onderwijs voor iedereen. Malala werd al snel uitgenodigd om te spreken op enkele scholen en andere openbare plaatsen in haar stad en vervolgens in verschillende regio's van Pakistan, waar ze een aantal politici ontmoette.

Nadat zij het slachtoffer werd van een moordaanslag, kregen haar stem en haar eisen een internationale dimensie. Malala, die nu over de hele wereld bekend is, richtte een stichting op en schreef een boek om de impact van haar pleidooi verder te vergroten en verandering te brengen in het onderwijs in Swat.

CONTEXT

PAKISTAN

Vóór de onafhankelijkheid maakte Pakistan deel uit van het Brits-Indische Rijk. Na deling van India in 1947 ontstond het Dominion of Pakistan, dat tot 1971 ook Bangladesh omvatte.

In Brits India waren er lange tijd talrijke conflicten – en zelfs moordpartijen – tussen moslims en hindoes. De deling en de oprichting van de eerste islamitische natie, Pakistan, leidde tot een uittocht in twee richtingen: de meeste hindoes van het land vertrokken naar India, terwijl veel moslims die in India woonden naar de nieuwe staat emigreerden. In plaats van alle problemen op te lossen, leidde deze deling tot gewapende conflicten wegens onenigheid over de vaststelling van de grenzen.

Hoewel Pakistan officieel een moslimstaat is, leven er momenteel verschillende godsdiensten naast elkaar in het land. Er zijn hindoes, maar ook christenen en sikhs (een andere Indiase godsdienst). Deze minderheden worden echter gediscrimineerd, vooral door vrouwen.

Hoewel het land erg jong is, kent het herhaaldelijk regime-wisselingen, met soms democratische en soms militaire dictaturen. De meeste politieke veranderingen vinden plaats na een staatsgreep of de moord op een leider. Deze ernstige instabiliteit is uiteraard ongunstig voor de sociaaleconomische ontwikkeling van het land, en Pakistan heeft met name een lage alfabetiseringsgraad van 54,5% (UNICEF, 2008-2012). Het onderwijs is een probleem door de impact van de conflicten en de dreiging van de Taliban. Terwijl 60-70% van de kinderen naar de basisschool gaat, heeft slechts 30-40% toegang tot het voortgezet onderwijs (UNICEF, 2008-2012). Belangrijk is ook dat 21% van de bevolking onder de armoedegrens leeft (UNICEF, 2007-2011).

CONFLICTEN MET DE TALIBAN

De politieke instabiliteit van Pakistan speelt een belangrijke rol in de ontwikkeling van extremistische bewegingen. Hoewel de regering de Taliban in Afghanistan tijd heeft gesteund, heeft zij zich na de aanslagen van 11 september plotseling aangesloten bij te Verenigde Staten om deze bestrijden. De Taliban waren echter al aanwezig in de moeilijk te controleren bergachtige en dunbevolkte gebieden in het noordwesten van Pakistan.

👁 GOED OM TE WETEN.

Op 11 september 2001 kaapten terroristen vier vliegtuigen in de Verenigde Staten om zelfmoordaanslagen te plegen op symbolische plaatsen in het land: twee ervan stortten neer in de Twin Towers van het World Trade Center en een derde daalde neer op het Pentagon (het hoofdkwartier van het Amerikaanse ministerie van Defensie) in Arlington County, Virginia. Dankzij de moed van de passagiers stortte het vierde vliegtuig, dat waarschijnlijk op weg was naar de hoofdstad DC, neer in een veld. In totaal kwamen bijna 3000 mensen om bij de aanslagen.

Osama Bin Laden (1957-2011), leider van het terreurnetwerk Al Qaida, eiste de verantwoordelijkheid voor de aanslagen op. In oktober 2001 begonnen de Verenigde Staten, en meer in het algemeen de westerse wereld, een grootscheepse strijd tegen het terrorisme, met name in Afghanistan en Irak.

Tussen 2003 en 2004 nam deze strijd toe, wat leidde tot een gewapend conflict tussen de extremisten en het nationale leger in de stamgebieden. Deze gebieden genieten relatieve juridische autonomie en de invallen van de regering, die aanvankelijk werden getolereerd, werden al snel impopulair bij de plaatselijke bevolking.

Ondanks enkele sporadische aanvallen werden in 2004 vredesakkoorden tussen beide partijen ondertekend. In 2007 werden de vijandelijkheden echter hervat, met name met de bestorming van de Rode Moskee in de hoofdstad Islamabad in juli van dat jaar. Pogingen tot een bestand waren vervolgens gedoemd te mislukken, omdat de leider en de politieke koers van de regering te vaak veranderden.

Deze conflicten, in combinatie met natuurrampen, veroorzaakten een groot aantal doden en grote schade, waardoor veel kinderen wees werden en anderen geen vaste opleiding konden volgen. In afgelegen gebieden kwamen de Taliban tijdens de overstromingen van 2010 eerder in actie dan ngo's, waardoor ze de goedkeuring van een deel van de bevolking kregen. Ook namen zij weeskinderen op in centra waar zij hen indoctrineerden. De dubbelzinnige relatie tussen de regering en de bevolking enerzijds en de Taliban en de bevolking anderzijds bemoeilijkte de strijd tegen de Taliban.

AMERIKAANSE INTERVENTIE

Na de aanslagen van 2001 hebben de VS Pakistan aanzienlijke financiële en militaire steun aangeboden in het kader van strijd tegen het terrorisme. Deze interventie leidde tot een aantal spanningen:

- De VS geloofden dat, tenzij Pakistan zich met dubbele zaken bezighield, hun bondgenoot niet alle middelen gebruikte die nodig waren om hun gezamenlijke missie tot een goed einde te brengen. Deze mening werd versterkt in 2011, toen Amerikaanse soldaten Osama Bin Laden in zijn woning in Pakistan vonden en doodden.

- In het kader van deze strijd tegen het terrorisme hebben de Verenigde Staten drones naar de afgelegen gebieden van het land gestuurd. Ongeveer 30% van de slachtoffers van deze machines, die op afstand worden bestuurd, zijn echter burgers (Bergen, P. «L'utilisation de drones au Pakistan n'a pas d'effet sur la guerre», in *Le Monde* van 26 februari 2010). Zowel de bevolking van Pakistan als de Taliban hebben deze acties bekritiseerd.

- Sommige Pakistani zien de Amerikaanse interventie in hun land als een invasie met als doel hun land in bezit te nemen, of op zijn minst onder controle te krijgen. Sommigen hebben zelfs een complottheorie bedacht volgens welke de terroristische aanslagen (in de VS en in Pakistan) door westerse mogendheden zijn beraamd om als voorwendsel te dienen voor Amerikaanse inmenging in deze gebieden.

ANALYSE

AUTOBIOGRAFIE OF MEMOIRES?

Malala's verhaal kan worden geclassificeerd als iets tussen een autobiografie en een memoires. In feite heeft het kenmerken van beide genres.

- Een autobiografie:
  - is geschreven in de eerste persoon enkelvoud. De auteur en de verteller zijn dezelfde persoon;
  - presenteert een terugblik op de gebeurtenissen;
  - heeft een introspectieve dimensie. De auteur reflecteert over zichzelf en het elementen waaruit zijn persoonlijkheid bestaat.

- Een memoires:
  - is geschreven door een auteur die een historisch of publiek figuur is;
  - houdt verband met historische gebeurtenissen. Het benadrukt de geschiedenis of de maatschappij in plaats van persoonlijke geschiedenis van de auteur.

Ik ben Malala: The Girl Who Stood Up for Education and Was Shot by the Taliban is geschreven in de eerste persoon enkelvoud, handelt over een publieke figuur en biedt een retrospectief standpunt. De laatste twee kenmerken – de introspectieve en historische dimensie – zijn moeilijker te onderscheiden, waardoor het werk zowel als een autobiografie als een memoires kan worden beschouwd.

Inderdaad, hoewel Malala de invloed van vader op haar manier van denken en haar wens om het recht op onderwijs te verdedigen aanhaalt, is de reflectie over haar persoonlijkheid niet het centrale element van de roman en kan het boek dus niet volledig in de categorie autobiografie worden geplaatst. Wel wordt het "autobiografische pact", een vereiste voor het genre, gerespecteerd.

 ### GOED OM TE WETEN.

Philippe Lejeune (Frans essayist, geboren in 1938) beschrijft het autobiografische pact als een stilzwijgend contract tussen de lezer en de auteur dat de oprechtheid van het verhaal garandeert. De vertelde gebeurtenissen worden dus als echt gebeurd beschouwd, ook al zijn ze onderhevig aan de subjectiviteit van de auteur. Aangezien het om herinneringen gaat, kan niemand volledig objectief zijn: de keuze welke elementen worden opgenomen en welke niet, is persoonlijk en de herinnering kan de feiten vervormen. Daarom kan een autobiografisch verhaal, hoewel het een interessant verslag van een periode of een situatie kan zijn, niet als een wetenschappelijk feit worden beschouwd.

Wat het genre van de memoires betreft, is het verband met historische gebeurtenissen evident: Malala situeert de belangrijkste gebeurtenissen uit haar jeugd in de historische context van Pakistan. Toch kan niet worden gezegd dat deze historische dimensie – of zelfs de maatschappelijke dimensie, aangezien zij de levensomstandigheden en gewoonten van haar land behandelt – in het verhaal overheerst. Ze is even belangrijk als, zo niet belangrijker dan, het persoonlijke verhaal van de auteur.

VERSCHILLENDE VISIES OP DE WESTERSE WERELD

Verwijzingen naar het Westen zijn alomtegenwoordig in dit werk, zowel in de vorm van vergelijking als van kritiek. Rekening houdend met de standpunten van verschillende deelnemers (Malala, haar vader, de Taliban, enz.) is deze kijk op het Westen veelzijdig en complex:

- De Taliban associëren de westerse wereld, en in het bijzonder de Verenigde Staten, met zonde. Zij verzetten zich zowel tegen de immoraliteit van deze maatschappij als tegen het Amerikaanse imperialisme.

- De Pakistani van de Swat-vallei halen de westerse wereld en de Verenigde Staten, die zij ook zeer negatief beoordelen, door elkaar. Het enige contact dat zij met dit land hebben zijn de drones die het Amerikaanse leger uitzendt en die, in plaats van leden van de Taliban te doden, burgerslachtoffers eisen.

- Hoewel Malala niet gelukkig is met de drones die de Amerikanen sturen, ziet ze de westerse wereld als een mogelijke oplossing, als een vorm van externe hulp die zou kunnen helpen bij de conflicten waar Pakistan mee te kampen heeft. Wanneer ze naar het Verenigd Koninkrijk verhuist, vergelijkt ze de twee samenlevingen, en merkt vooral de rust en orde in de straten op. Ze is jaloers op deze moderne wereld waar iedereen zijn eigen lot in handen heeft en mannen en vrouwen gelijk zijn. Toch verbaast het haar dat deze elementen als vanzelfsprekend worden beschouwd en dat Westerlingen ze niet eens meer opmerken.

- Wanneer het gezin verhuist, wordt Malala's moeder geconfronteerd met een westerse wereld waarin ze moeite heeft zich aan te passen. De mensen lijken haar koud en afstandelijk, en ze is geschokt door de manier waarop de Engelsen zich kleden.

RECEPTIE

Terwijl het boek in de hele wereld werd verwelkomd vanwege de boodschap, de kracht en moed van de jonge auteur en het ideaal dat haar strijd voor onderwijs vertegenwoordigt, was de ontvangst in Pakistan anders.

Sommige Pakistani zijn namelijk niet gelukkig met de bekendheid van Malala en denken dat zij door westerlingen wordt gemanipuleerd. Volgens sommigen werd deze in scène gezet met het doel naar het Verenigd Koninkrijk te verhuizen en een niveau van comfort te genieten dat zij in haar geboortestad niet had ervaren. Het feit dat Malala strijdt voor onderwijs en weinig kritiek op buitenlands beleid – met name de inmenging van de Verenigde Staten – wordt in Pakistan niet positief beoordeeld.

VERDERE REFLECTIE

ENKELE VRAGEN OM OVER NA TE DENKEN

- In welk opzicht is Malala's verhaal subjectief? Gebruik fragmenten uit het boek om je antwoord te ondersteunen.

- Wat is de rol van het Pakistaanse volk in de opkomst van de Taliban? Gebruik voorbeelden uit het boek om je antwoord te ondersteunen.

- Als Malala een man was, denk je dat ze deze strijd dan nog zou hebben geleid? Hoe zou haar leven anders zijn geweest?

- Wat is de rol van Malala's vader in haar inzet voor het onderwijs? Leg uit, met behulp van fragmenten uit het boek.

- In een toespraak tot de Algemene Vergadering van de VN in 2013 zei Malala: "laten we onze boeken en onze pennen oppakken, het zijn de krachtigste wapens. Eén kind, één leraar, één boek en één pen kunnen de wereld veranderen". Reageer op deze uitspraak.

- Malala woont momenteel in het Verenigd Koninkrijk. Kan zij als vluchteling worden beschouwd? Motiveer je antwoord aan de hand van fragmenten uit het boek en leg een verband met de actualiteit (Syrische vluchtelingen, 2015).

- Hoe staan de Taliban tegenover het Westen? Leg uit aan de hand van voorbeelden uit het boek en analyseer deze visie objectief.

- Kan dit boek volgens u worden beschouwd als een historische bron die de dreiging van de Taliban in Pakistan aantoont?

- Vindt u de introspectieve dimensie een essentieel element dat het boek mist?

- Het boek is geschreven samen met een Engelse journaliste, Christina Lamb. Is haar aanwezigheid voelbaar in het boek?

VERDER LEZEN

REFERENTIE-UITGAVE

Yousafzai, M. en C. Lamb (2013) *I Am Malala: The Girl Who Stood Up for Education and Was Shot by the Taliban*. Londen: Weidenfeld and Nicolson.

REFERENTIESTUDIES

Aziz, S. (2014) Malala schreef geschiedenis, maar er is wrok, geen trots in Pakistan. *The Guardian*. [Online]. [Accessed 18 December 2015]. Beschikbaar via: < http://www.theguardian.com/theobserver/she-said/2014/oct/11/malala-made-history-but-there-is-resentment-not-pride-in-pakistan>

Bergen, P. (2010) L'utilisation des drones au Pakistan n'a pas d'effet sur la guerre. *Le Monde*. [Online]. [Accessed 18 December 2015]. Beschikbaar op: < http://www.lemonde.fr/asie-pacifique/article/2010/02/26/l-utilisation-de-drones-au-pakistan-n-a-pas-d-effet-sur-la-guerre_1311552_3216.html>

Bobin, F. (2014) Malala Yousafzai: «Je veux l'éducation pour les enfants de tous les terroristes.» *Le Monde*. [Online]. [Geraadpleegd op 18 december 2015]. Beschikbaar op: < http://www.lemonde.fr/asie-pacifique/article/2014/10/10/la-jeune-pakistanaise-malala-yousafzai-recompensee-par-le-prix-nobel-de-la-paix_4504255_3216.html>

Bovin, M. (1998) *Le Pakistan*. Parijs: Presses Universitaires de France.

Lejeune, P. (1989) *Over autobiografie*. Minneapolis: University of Minnesota Press.

The Independent (2013) De volledige tekst: Malala Yousafzai levert uitdagende riposte aan Taliban-militanten met toespraak voor de Algemene Vergadering van de VN. *The Independent*. [Online]. [Accessed 6 October 2015]. Beschikbaar op: < http://www.independent.co.uk/news/world/asia/the-full-text-malala-yousafzai-delivers-defiant-riposte-to-taliban-militants-with-speech-to-the-un-8706606.html>

Homepage van het Malala Fonds
https://www.malala.org/

UNICEF statistieken over Pakistan [Online]. [Accessed 4 November 2015]. < http://www.unicef.org/infobycountry/pakistan_pakistan_statistics.html>

*We horen graag van jou! Laat
een reactie achter op jouw online bibliotheek
en deel je favoriete boeken op social media!*

Waarom kiezen voor Must Read?

Kom alles te weten over een boek met onze beknopte en diepgaande samenvattingen en analyses!

Ontdek het beste uit de literatuur in een compleet nieuw licht!

De uitgever garandeert de betrouwbaarheid van de gepubliceerde informatie, die echter niet onder zijn verantwoordelijkheid valt.

www.50minutes.com

Master ISBN: 9782808687669
Papier ISBN: 9782808699068
Wettelijk depot: D/2023/12603/1186

Omslag: © Primento

Digitaal ontwerp: Primento, de digitale partner van uitgevers.